DIE ABENTEUER VON
TIM UND STRUPPI

DIE ABENTEUER VON
TIM UND STRUPPI

von Stephanie Peters
Drehbuch von Steven Moffat und
Edgar Wright & Joe Cornish
Nach »Die Abenteuer von Tim und Struppi«
von Hergé
Aus dem Englischen von Anne Emmert

CARLSEN

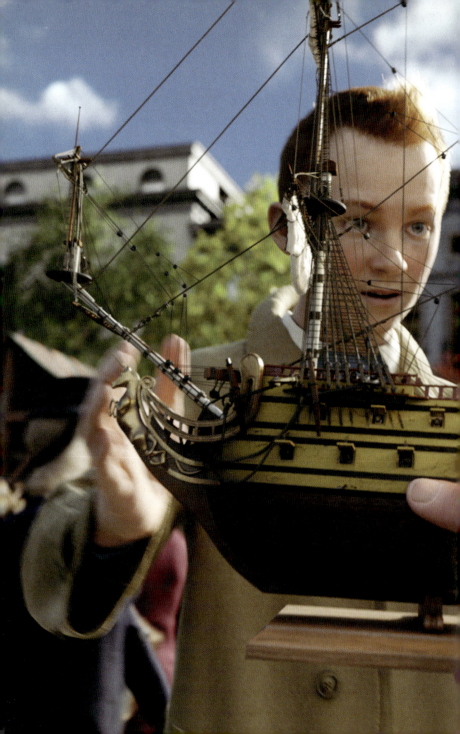

Die *Einhorn*

Tim war ein junger Reporter mit einem sehr guten Riecher für spannende Nachrichten. Ständig stolperten er und sein treuer, weißer Terrier Struppi über aufregende Geschichten und gerieten in wilde Abenteuer. Doch in letzter Zeit …

»Es ist aber auch gar nichts los«, beschwerte sich Tim bei Struppi. »Was bin ich nur für ein Reporter, so völlig ohne Nachrichten?«

Struppi antwortete mit einem traurigen *Wuff*.

Tim und Struppi spazierten über den Flohmarkt, auf dem es allen möglichen Krimskrams zu kaufen gab. An einem Stand entdeckte Tim das Modell eines altmodischen Segelschiffs. Seine Augen leuchteten. »Ein Dreimaster mit zwei Decks und fünfzig Geschützen – ist das nicht ein schönes Schiff, Struppi? Das kaufe ich!«

Er gab dem Verkäufer das Geld, nahm das Schiff entgegen und hielt es bewundernd hoch. Dabei fiel ihm das Namensschild ins Auge. »Es heißt *Einhorn*«, sagte er.

»Die *Einhorn*?!« Ein großer Mann mit rabenschwarzem Bart schob sich durch die Menge. »Ich biete Ihnen das Doppelte von dem, was Sie bezahlt haben, Herr …?«

»Ich heiße Tim. Und Sie? Warum wollen Sie unbedingt mein Schiff kaufen?«

»Mein Name ist Iwan Iwanowitsch Sakharin«, erwiderte der Mann. »Dieses Schiff hat einst dem Kapitän Frantz, Ritter von Hadoque, gehört.

Hadoque verlor sein gesamtes Vermögen, als sein Schiff, die echte *Einhorn,* unterging.« Er fuhr mit dem Finger über den Großmast des Modells und lächelte. »Zwischen meiner Familie und den Hadoques besteht eine alte Verbindung. Ich möchte das Schiff zu ihrem einstigen Familiensitz, Schloss Mühlenhof, zurückbringen. Also, wie viel haben Sie bezahlt?«

In diesem Moment gab Struppi ein tiefes Knurren von sich. Tim sah, dass sein Hund Sakharin mit gefletschten Zähnen und angelegten Ohren anstarrte. *Struppi traut ihm nicht,* dachte Tim. *Dann traue ich ihm auch nicht!*

Er klemmte sich das Schiff fest unter den Arm.

»Es tut mir leid, aber die *Einhorn* steht nicht zum Verkauf.«

Sakharins Lächeln erstarrte. »Das ist wirklich bedauernswert, Herr Tim.« Er machte auf dem Absatz kehrt und verschwand.

Struppi lief hinter ihm her, doch Tim rief ihn zurück. »Schon gut, Struppi«, sagte er. »Er ist weg.« Doch auf dem Nachhauseweg wurde Tim das Gefühl nicht los, dass Sakharin sie auf Schritt und Tritt verfolgte.

Zu Hause in seiner Wohnung, in der Labradorstraße 26, stellte Tim das Schiff auf den Tisch und öffnete das Fenster. Doch damit ließ er nicht nur frische Luft herein.

»Hey!«, rief Tim, als eine verwahrloste, weiße Katze in die Küche sprang.

Struppi nahm wild bellend die Verfolgung auf: über das Sofa, unter dem Stuhl hindurch, auf den Tisch mit dem Schiffsmodell und …

»Sapristi! Pass auf!«, rief Tim.

Struppi stoppte und schlitterte – *krach!* – geradewegs in das Schiff hinein. Die *Einhorn* fiel zu Boden und der Großmast brach entzwei.

»Böser Hund«, schimpfte Tim und hob das kaputte Modell auf. Dabei fiel ein Metallröhrchen aus dem Großmast.

»Was ist denn das?« Neugierig öffnete Tim das Röhrchen und zog ein sehr altes Stück Pergamentpapier heraus. Darauf stand in verschnörkelter Schrift:

»Drei Brüder im Verein. Drei Einhörner im Geleit sprechen, wenn sie in der Mittagssonne fahren. Denn vom Lichte kommt das Licht. Und wird leuchten.«

Unter dem Spruch folgten ein paar merkwürdige Zeichen.

Tim sah das Pergament verwundert an. »Was soll das bedeuten?«

KAPITEL ZWEI

Ausgeraubt!

So sehr er sich auch den Kopf zerbrach – Tim kam nicht dahinter, was mit den Worten gemeint war. Seufzend steckte er den Zettel in seine Brieftasche, verstaute diese in der Manteltasche und pfiff Struppi herbei. »Komm, wir gehen in die Bücherei und schauen, ob wir dort etwas über die *Einhorn* herausfinden können.«

Als Tim mit seinem Hund aus dem Haus eilte, stieß er mit zwei Männern zusammen, beide im schwarzen Anzug und mit einem schwarzen Hut auf dem Kopf. »Schultze und Schulze!«

»Tim!« Die Männer glichen sich beinahe wie ein Ei dem anderen. Nur der unterschiedliche Schnurrbart verriet sie. Die beiden arbeiteten für die Internationale Kriminalpolizeiliche Organisation, besser bekannt als Interpol.

»Sind Sie investigativ tätig?«, fragte Tim.
»Nein, nein«, erwiderte Schulze. »An der Weste ist nichts zu tief.«
»Aber wir ermitteln!«, fügte Schultze hinzu. »Ein Langfinger treibt in der Stadt sein Unwesen.«
»Ein Taschendieb?«, fragte Tim.
Die Polizisten nickten.
»Keine Brieftasche …«, warnte Schulze.
»… kein Geldbeutel …«, warf Schultze ein.
»… ist vor ihm sicher!«, beendeten die beiden im Chor.
»Eine Brieftasche zu stehlen ist lächerlich einfach«, sagte Schulze.

»Einfach lächerlich«, fügte Schultze hinzu. »Seien Sie besser auf der Hut!«

Tim versprach vorsichtig zu sein und machte sich auf zur Bücherei. Dort angekommen entdeckte er tatsächlich ein Buch, das ihm mehr über die *Einhorn* verriet. Er setzte sich hin und begann zu lesen:

»Im Jahr 1676 setzte Frantz, Ritter von Hadoque, die Segel. Man sagt, dass sich auf seinem Schiff, der Einhorn, ein sagenhafter Schatz befand. Wenn das wahr ist, ging dieser Schatz auf hoher See verloren, denn die Einhorn wurde von Piraten überfallen und das Schiff sank mit seiner gesamten Besatzung. Nur der Ritter von Hadoque überlebte. Er verlor nie wieder ein Wort über die Tragödie, baute jedoch bis zu seinem Tod drei Modelle von dem gesunkenen Schiff.«

»Es gibt also drei Modelle«, murmelte Tim. »Ich frage mich, wo die anderen beiden sind.«

Dann las er den letzten Satz. *»Der Legende nach versteckte er in diesen Modellen Hinweise auf den bis heute verschollenen Schatz.«*

Tim schloss das Buch. »Ich wette, dieser Sakharin wusste von dem Schatz. Deshalb wollte er unbedingt mein Schiff haben!« Er stand auf. »Komm mit, Struppi. Ich behalte unsere *Einhorn* lieber im Auge.«

Die beiden verließen die Bücherei und machten sich auf den Nachhauseweg. Plötzlich tauchte ein alter Mann vor Tim auf und stieß – *bums!* – mit ihm zusammen.

»Oh, tut mir leid«, entschuldigte sich der Mann und wischte etwas Schmutz von Tims Mantel.

»Nichts passiert«, versicherte ihm Tim.

Dann wünschte er dem Mann einen Guten Tag und kehrte eilig in seine Wohnung zurück. Er öffnete die Tür – und erschrak: Seine Wohnung war durchwühlt worden! Die *Einhorn* war weg!

Tim schüttelte wütend den Kopf. »Wenigstens habe ich das Pergament noch.« Er griff nach seiner Brieftasche, doch zu seinem Entsetzen war die Manteltasche leer!

»Man hat mich beraubt – und das gleich zweimal!« Tim schnippte mit den Fingern. »Der alte Mann! Ich wette, er war der Taschendieb, von dem Schultze und Schulze berichtet haben. Ich muss ihn finden!«

Er rannte die Treppe hinunter, doch zwei stämmige Männer mit einer großen Kiste versperrten ihm den Weg.

»Herr Tim? Eine Lieferung für Sie.«

»Aber ich habe mir gar nichts schicken lassen.«

»Deshalb werden jetzt Sie verschickt!«
Kräftige Arme packten ihn von hinten und jemand drückte ihm ein Taschentuch ins Gesicht. Tim riss die Augen auf.
Er wurde entführt!

KAPITEL DREI

Die *Karaboudjan*

Tim stöhnte. »Wo bin ich?« Er versuchte sich aufzusetzen, doch seine Hände und Füße waren gefesselt.
»Sie sind an Bord der *Karaboudjan*.«
Eine Gestalt trat aus dem Schatten. »Sakharin!«
»Genau der.« Sakharin klopfte sich mit dem silbernen Griff seines Gehstocks auf die offene Handfläche. »Also, wo ist es?«
»Wo ist was?«, fragte Tim unschuldig zurück.
Sakharin zeigte ihm ein Stück Pergamentpapier. Es war identisch mit dem Zettel, den Tim in seinem Schiffsmodell gefunden hatte. »Wo ist das Pergament aus Ihrer *Einhorn?*«
»Sieht es genauso aus?«, fragte Tim.
»Ja.«
»Und steht ein rätselhafter Spruch darauf?«
»Ja.«

»War es im Großmast versteckt?«

»Ja!«, schrie der Gauner.

»Ich habe das Pergament nicht«, erwiderte Tim. Sakharins Gesicht lief vor Wut rot an. Mit einer raschen Bewegung zog er einen versteckten Degen aus dem Gehstock und richtete ihn auf Tim. »Lügen Sie mich nicht an!«

»Er hat es nicht, Chef.« In diesem Moment kamen die beiden Entführer herein. »Wir haben ihn durchsucht«, sagte der eine.

»Ja, wir haben ihn durchsucht«, wiederholte der andere.

Sakharin drehte sich um und hielt ihnen seinen Degen direkt unter die Nase. »Ihr Dummköpfe! Ich wollte den Zettel, nicht diesen Jungen! Ohne die beiden anderen Pergamente ist meins wertlos!«

Tim hätte Sakharin am liebsten gefragt, ob er wusste, wo sich das dritte *Einhorn*-Pergament befand. Doch ein Blick auf seinen Degen machte ihm klar, dass Sakharin darauf nicht antworten würde.

Oben vom Deck rief jemand: »Der Kapitän ist aufgewacht!«

»Trottel! Muss ich mich immer um alles selber kümmern?« Sakharin stürzte aus der Kajüte, gefolgt

von den beiden Gaunern. Kurz bevor die schwere Tür ins Schloss fiel, flitzte ein weißes Knäuel in den Raum.

»Struppi!«, flüsterte Tim überrascht. »Wie hast du mich nur gefunden?«

Struppi schnüffelte am Boden. Dann hob er den Kopf und schnupperte in die Luft.

»Kluger Hund! Du bist deiner Nase gefolgt.«

Struppi bellte kurz und zufrieden.

»Schsch!«, warnte ihn Tim. »Sakharin steht noch vor der Tür. Hör mal!«

Draußen im Gang unterhielten sich die Bösewichte.

»Wenn du mit dem Kapitän fertig bist«, sagte Sak-

harin gerade, »bringst du in Erfahrung, wo der Junge das Pergament versteckt hat!«
»Gebongt!«, antwortete einer der Halunken. »Äh, und dann?«
»Werft ihr ihn über Bord!«, schnauzte ihn Sakharin an. »Und springt am besten gleich hinterher«, fügte er hinzu.
Tim schluckte. »Struppi, beiß die Fesseln durch!«, flüsterte er.
Struppi machte sich an die Arbeit und in null Komma nichts war Tim frei. »Und jetzt nichts wie raus hier!«
Er ging mit dem Strick zum einzigen Bullauge, das sich in der Kabine befand. Er wollte sich von dort abseilen und an Land schwimmen. Doch sein Plan ging nicht auf, denn als er den Kopf aus dem Fenster steckte, sah er nichts als Wasser.
»Wir sind mitten auf dem Meer!«
Dann blickte er am Rumpf des Schiffes nach oben. Direkt über ihm befand sich ein weiteres Bullauge. Er zog den Kopf wieder zurück und sah sich um. In einer Ecke der Kajüte entdeckte er zwei kurze Bretter.
Geschickt band Tim die Bretter mit dem Seil zusam-

men. Dann nahm er ein Seilende in die Hand, lehnte sich mit dem Oberkörper aus dem Bullauge und schleuderte die Bretter wie ein Lasso gegen die obere Öffnung. Beim zweiten Versuch zerschlugen die Bretter das Glas und blieben im Bullauge stecken.
»Komm her, Struppi!«
Mit Struppi auf der Schulter kletterte Tim am Seil

aufwärts. Die beiden quetschten sich durch das enge Bullauge der oberen Kajüte und purzelten unsanft auf den Boden.
»Wir haben es geschafft, Struppi! Wir sind in Sicherheit!«
In Sicherheit, ja. Aber nicht allein!
»Donner, Hagel und Granaten«, brummte eine tiefe Stimme. »Wer sind Sie denn?«

Kapitän Haddock

Tim sprang erschrocken zurück. Von der anderen Seite der Kajüte sah ihn ein Seemann an, von Wind und Wetter gezeichnet, mit schwarzem Bart und buschigen Augenbrauen.
»Ich bin Tim. Und wer sind Sie?«, fragte er den Seemann.
»Ich bin der Kapitän dieses Schiffes!«, antwortete der Mann. »Oder ich war es jedenfalls, bis mein Erster Offizier mich übers Ohr gehauen hat. Ich bin seit Tagen hier eingesperrt!«
»Eingesperrt?« Tim drehte am Türknopf. Es ging ganz einfach.
Der Kapitän blinzelte ungläubig. »Sie ist nicht abgeschlossen?«
»Nein.« Tim öffnete die Tür – und stand einem der beiden Halunken direkt gegenüber!

»Ich habe ihn!«, schrie dieser sofort. »Ich …«
Doch da schlug der Kapitän schon zu und der Kerl ging zu Boden.
»Danke«, sagte Tim.
»Gern geschehen«, erwiderte der Kapitän. »Sie haben gesagt, Sie heißen Tim?«
Tim nickte. »Und Sie sind …?«
»Kapitän Archibald Haddock.«
Tim riss die Augen auf. »Haddock? Das klingt ja fast wie Hadoque!«
»Das war mein Urururur… äh, wie viel *Ur* hatte ich? Egal. Der Ritter von Hadoque war mein Vorfahr.«
So langsam verstand Tim, was vor sich ging. »Ich wette, Sakharin hat dieses Schiff hier gestohlen, weil er dachte, Sie wüssten etwas über den Schatz! Sagen Sie, kennen Sie die wahre Geschichte der *Einhorn?*«
Haddock richtete sich zu voller Größe auf. »Natürlich! Das Geheimnis wurde in meiner Familie von Generation zu Generation weitergegeben. Mein Großvater hat es mir auf dem Sterbebett anvertraut.«
»Was hat er Ihnen erzählt?«, fragte Tim aufgeregt.
»Ich – ich weiß es nicht mehr«, gestand der Kapitän. »Mein Gedächtnis ist nicht mehr das, was es einmal war.«

»Was war es denn einmal?«, bohrte Tim nach.
»Das habe ich auch vergessen«, sagte Haddock.
In diesem Moment begann Struppi warnend zu knurren. Der Halunke bewegte sich. Tim versuchte ihn hochzuheben. »Würden Sie mir bitte helfen?«
Haddock nickte und versetzte dem Kerl einen weiteren Schlag. Der Mann sackte in sich zusammen.
»Doch nicht so! Ich meinte, ihn in die Kajüte zu ziehen«, sagte Tim.
»Oh, natürlich.« Gemeinsam schlossen sie den bewusstlosen Mann in der Kajüte ein.
»Und jetzt müssen wir irgendwie von diesem Schiff verschwinden«, sagte Tim. »Haben Sie einen Vorschlag?«
»Mit einem Rettungsboot«, erwiderte Haddock. »Folgen Sie mir!«
Auf Zehenspitzen gingen sie die Treppe nach oben und kamen in einen dunklen Gang. Auf einmal blieb Tim stehen, legte einen Finger an die Lippen und deutete auf eine Tür mit der Aufschrift *Funkraum*. Daraus war ein merkwürdiges Knistern und Knacken zu hören.
»Morsezeichen«, flüsterte Tim.
Die Geräusche verstummten.

»Hier ist die Nachricht, auf die wir gewartet haben, Sir«, sagte drinnen jemand.

»Lesen Sie sie vor!«

Tim und Haddock wechselten einen erstaunten Blick. Das war Sakharins Stimme!

»*Die Mailänder Nachtigall ist in der Stadt Bagghar gelandet*«, las der Funker.

Sakharin lachte kurz auf. »Hervorragend, meine Geheimwaffe ist eingetroffen. Bald wird das dritte Pergament mir gehören!«

Ein Schatten verdunkelte den Lichtspalt unter der Funkraumtür. Der Türknopf drehte sich.

»Er kommt raus«, zischte Tim. »Wir müssen uns verstecken!«

Meer, Luft und Sand

Tim, Haddock und Struppi huschten in die Nachbarkajüte. Vorsichtig lugte Tim durch eine Ritze in den Gang und beobachtete, wie Sakharin und der Funker davoneilten.

»Bringen Sie Struppi zum Rettungsboot. Ich sehe mich hier noch kurz um«, erklärte Tim. Sein Reporterinstinkt sagte ihm, dass mehr hinter dieser Geschichte steckte.

Haddock und Struppi verschwanden über die Treppe nach oben. Tim schlüpfte in den Funkraum. Auf dem Tisch sah er einen Prospekt mit der Aufschrift *Der Hafen von Bagghar* liegen. Tim traute seinen Augen kaum: Auf dem Umschlag prangte ein Foto des dritten *Einhorn*-Modells!

Hastig steckte er den Prospekt ein und übermittelte noch einen kurzen Funkspruch. Dann schlich er sich

an Deck, auf der Suche nach Haddock und Struppi.
Peng – ein Schuss! Eine Kugel zischte direkt an Tims Ohr vorbei.
»Tim! Hierher!« Haddock winkte ihm hektisch von einem der Rettungsboote zu.
Er ließ das Boot zu Wasser, während Tim über Deck rannte und in letzter Sekunde über die Reling ins Boot zu Haddock und Struppi sprang.
»Rudern Sie!«, rief Tim und schnappte sich einen Riemen.
»Als ginge es um Leben und Tod?«
»Ja!«, rief Tim, als eine weitere Kugel an ihm vorbeisauste. »Denn genau so ist es!«
Tim und Haddock kamen mit ihrem kleinen Boot gut voran. Die riesige *Karaboudjan* war zu schwerfällig, um schnell zu wenden und die Verfolgung aufzunehmen.
»Diese Süßwasserpiraten werden uns nie erwischen«, freute sich Haddock.
Doch da tauchte am Himmel über ihnen ein Wasserflugzeug auf.
»Möglicherweise doch …«, erwiderte Tim.
Ra-ta-ta-tat! Schüsse peitschen um sie herum ins Wasser.

Da fand Tim im Rettungsboot eine Leuchtpistole und zielte auf das Flugzeug. *Zisch!* Es hatte geklappt! Das Signallicht traf das Triebwerk der Maschine, aus dem bald schwarzer Rauch aufstieg.

»Sie haben die Kerle erwischt, Tim!«, jubelte Haddock. »Sie – oje!«

Der beschädigte Flieger sauste geradewegs auf sie zu!

»Sapristi! Wir müssen springen!«

Die drei retteten sich ins Meer. Ihr Boot kenterte. Das Wasserflugzeug schlug in ihrer Nähe auf und blieb auf seinen Schwimmflächen liegen.

Tim, Struppi und der Kapitän tauchten hinter ihrem Boot auf. Sie beobachteten, wie die Piloten aus dem Cockpit kletterten, um den Schaden zu reparieren.

»Bleiben Sie hier, ich habe eine Idee.« Tim ließ sich unter Wasser gleiten und tauchte Sekunden später neben dem Flugzeug wieder auf.

»Fast geschafft«, sagte ein Pilot. Er zwirbelte einige Drähte zusammen. »So, das war's.«

Darauf hatte Tim gewartet. »Hände hoch!«, rief er. Die Piloten, die ihn nicht sehen konnten, befürchteten das Schlimmste und nahmen die Arme über den Kopf. Tim hatte sie überlistet!

Fünf Minuten später flog Tim das Wasserflugzeug, in der einen Hand die Bedienungsanleitung, in der anderen den Steuerknüppel. Haddock saß neben ihm. Struppi hatte sich auf Tims Schoß zusammengerollt. Die Piloten hatten sie im Rettungsboot zurückgelassen, das nun unter ihnen auf den Wellen tanzte.
Tim suchte das Wasser ab. »Schaut mal, da unten! Die *Karaboudjan*!«
Bei dem Gedanken an ihre brillante Flucht musste Haddock grinsen. Doch als er wieder aufblickte, verging ihm das Lachen.
»Tim! Achtung, wir fliegen auf eine Todesmauer zu!«
Vor ihnen türmte sich eine gewaltige Gewitterwolke. Zu spät! Das Flugzeug flog direkt in das wütende Unwetter hinein. Der blaue Himmel verschwand hinter schwarzen, wirbelnden Wolken. Regen peitschte gegen die Fenster, Blitze zuckten, Donner erschütterte das Flugzeug.
»Festhalten!« Entschlossen senkte Tim die Nase des Flugzeugs steil nach unten. Sie stürzten aus dem Gewitter hinaus – geradewegs auf gewaltige Sanddünen zu!
Tim riss den Steuerknüppel zurück, um die Nase der Maschine wieder nach oben zu bringen.

Doch es nützte nichts.

Rums! Das Flugzeug traf auf dem Boden auf, überschlug sich und wurde unter einem Berg aus Sand begraben.

Erinnerung an die Erinnerung

»Ooooh«, stöhnte Tim. »Jetzt weiß ich, wie sich ein Rührei fühlen muss!«
Struppi kam durch den Sand angesprungen. Erleichtert streichelte Tim seinen besten Freund. Ganz oben auf einer Düne entdeckte er Haddock.
»Was ist das für ein Strand?«, fragte der Kapitän, als sich Tim zu ihm gesellte.
»Das ist kein Strand. Das ist die Wüste Sahara.«
Haddock fiel auf die Knie. »Das Land des Durstes! Wir sind verloren! Wir sind – Moment mal! Was ist das?«
Er rappelte sich auf und starrte in die Ferne. »Wasser! Wir sind gerettet!« Er stürzte die Düne hinunter.
»Das ist nur eine Fata Morgana!«, rief ihm Tim hinterher. »Sie sehen Sachen, die gar nicht da sind!«

Tim hatte Recht. Als er Haddock einholte, fantasierte der Kapitän weiter. Nur diesmal sah er kein Wasser.

»Haben Sie je etwas Schöneres gesehen?«, fragte Haddock träumerisch. »Ein Dreimaster mit zwei Decks und 50 Geschützen …«

Tim schnappte nach Luft. »Sie sehen die *Einhorn*?«

»Aye, aye«, bestätigte Haddock. »Und ich bin ihr Kapitän, Frantz von Hadoque!«

Tims Gedanken überschlugen sich: *Haddocks Erinnerungen an das alte Familiengeheimnis kehren zurück!*

»Was sehen Sie noch?«, fragte er vorsichtig.

Haddocks Miene verdüsterte sich. »Ein zweites Schiff. Es hat die Piratenflagge gehisst!«
»Die *Einhorn* wird von Piraten angegriffen?«
»Aye!« Kapitän Haddock schwang einen nicht vorhandenen Säbel. »Sie kommen an Bord. Es ist ein Kampf auf Leben und Tod! Keine Gefangenen und keine Gnade.«
Er schlug um sich und wehrte unsichtbare Feinde ab. Doch der Ritter von Hadoque und seine Männer schienen den Kampf verloren zu haben, denn der Kapitän ließ die Arme sinken.
»Er hat sich mein Schiff genommen«, flüsterte er.
»Wer?«, wollte Tim wissen.
»Ein Pirat, dessen bloßer Name die Herzen tapferer Männer mit Furcht erfüllt«, sagte der Kapitän, noch immer mit gedämpfter Stimme. »Rackham der Rote! Er weiß, dass die *Einhorn* einen Schatz an Bord hat. Er hat meine Männer gezwungen über die Planken zu gehen und jetzt droht er auch mir mit dem Tod. Aber er hat die Rechnung ohne mich gemacht.«
Der Kapitän richtete sich auf. »Denn ich bin ein Hadoque, und ein Hadoque hat immer ein Ass im Ärmel. Eher versenke ich die *Einhorn,* als dass ich sie diesem Schurken überlasse.«

Haddock ließ eine Handvoll Sand in einer Linie zu Boden rieseln. »Eine Zündschnur, die zur Pulverkammer führt, wird diesen Zweck erfüllen.«
Er tat so, als hielte er ein entzündetes Streichholz an die Lunte. »Die Rache ist mein!«, rief er und entfernte sich von der nicht vorhandenen Zündschnur. »Die *Einhorn* und ihr Schatz werden niemals dir gehören, Roter Rackham!«
Mit einem Triumphschrei sprang Haddock von der Düne in den Sand hinunter in ein nicht vorhandenes Rettungsboot. »Die riesige Explosion wühlt das Meer auf!«
Er riss sich den Hut vom Kopf und hielt ihn wie eine Schüssel vor sich. »Der Schatz regnet vom Himmel! Ein Teil davon landet in meinem Hut, das meiste sinkt jedoch in die Tiefen des Meeres. Hinab zur *Einhorn*, zu den Piraten und zu meinen Männern.«
Seine letzten Worte waren nur noch ein Flüstern. Dann erschauderte er.
»Es ist noch nicht vorbei! Mit seinem letzten Atemzug verflucht Rackham der Rote mich und meine Familie.«
Haddocks Stimme veränderte sich.
Jetzt kommen Rackhams letzte Worte, dachte Tim.

»Wir werden uns wieder begegnen, Hadoque! Zu einer anderen Zeit, in einem anderen Leben!« Mit diesen Worten brach Haddock im Sand zusammen und verstummte.

KAPITEL SIEBEN

Sakharins Geheimwaffe

»Kapitän! Ist alles in Ordnung mit Ihnen?«
Haddock blinzelte mehrmals, dann setze er sich auf.
»Donner, Hagel und Granaten! Wie konnte ich nur so blind sein?«
»Warum, was ist?«
»Nicht was – wer! Ehe mein Großvater starb, zeigte er mir ein Bild von Rackham dem Roten. Er sah genau aus wie Sakharin!«
»Sakharin ist ein Nachkomme von Rackham?« Haddock erblasste. »Sakharin will den Schatz *und* mein Leben! Er will den Tod seines Vorfahren rächen.«
»Tja, das wird ihm aber nicht gelingen«, sagte Tim. »Wir machen ihm einen Strich durch die Rechnung!«
»Wie denn? Wir wissen ja nicht einmal, wo er oder die Pergamente sind.«

»Oh doch!« Tim zog den Bagghar-Prospekt, den er aus dem Funkraum mitgenommen hatte, aus seiner Tasche und zeigte Haddock das Foto der *Einhorn*.
»Wenn ich es richtig sehe, ist er hinter dem hier her. Also, auf nach Bagghar?«
Haddock stand auf. »Auf nach Bagghar!« Dann stutzte er. »Das dürfte ein ziemlich langer Marsch werden, oder?«
Da tauchte Struppi auf einer der Dünen auf – mit zwei Kamelen im Schlepptau!
»Ich weiß ja nicht, wie du das immer fertigbringst, Struppi«, sagte Tim, während er auf eins der beiden Kamele kletterte, »aber ich bin mächtig stolz auf dich!«
Dank der Kamele kamen Tim, Struppi und Haddock bald in der Hafenstadt Bagghar an.
»Im Prospekt heißt es, die *Einhorn* stehe in einem Palast.« Tim deutete auf ein prunkvolles Gebäude, das sich am Horizont abzeichnete. »Da ist er!«
Sie waren noch nicht weit gekommen, als sie in eine riesige Menge jubelnder Menschen gerieten.
»Macht Platz für die weltberühmte Opernsängerin, die Mailänder Nachtigall!«
Die Menge teilte sich und machte einer stämmigen,

mit Schmuck behängten Frau Platz. Tim und Haddock starrten erst sie und dann einander an. »Das ist Sakharins Geheimwaffe?«
»Was soll eine Opernsängerin für eine Waffe sein?«, fragte Haddock verwundert.
Tim entdeckte ein Plakat. An diesem Nachmittag sollte im Palast ein Konzert der Diva stattfinden.
»Das kommt gerade recht«, erklärte er Haddock. »So können wir Sakharins Nachtigall im Auge behalten und gleichzeitig im Palast nach der *Einhorn* suchen.«
Eine Stunde später betraten sie das Palasttheater. Tim entdeckte die *Einhorn* auf Anhieb. Sie stand in einer Vitrine aus Panzerglas direkt neben der Bühne. Er war schon auf dem Weg dorthin, als ihn zwei schwer bewaffnete Soldaten aufhielten.
»An das Schiff kommt niemand heran«, knurrte einer.
Dann kommt Sakharin wenigstens auch nicht heran, dachte Tim auf dem Rückweg zu seinem Sitz.
Der Saal verdunkelte sich und das Orchester begann zu spielen. Die Mailänder Nachtigall stolzierte auf die Bühne, atmete unglaublich tief ein und schmetterte einen einzigen, lang gezogenen Ton heraus.
»LAAAAAAAA...!«

Der Ton begann tief und kletterte dann langsam die Tonleiter nach oben.

Haddock hielt sich die Ohren zu. »Genau: *AAAAA!* Mir platzt gleich das Trommelfell!«

Eine Bewegung im oberen Rang zog Tims Blick auf sich. Er sah genauer hin.

»Kapitän, sehen Sie mal!«

»Das ist Sakharin!«

Während der Ton der Diva immer höher und schriller wurde, beugte sich Sakharin erwartungsvoll nach vorne. Doch er beobachtete nicht die Sängerin. Vielmehr hatte er die bösen, schwarzen Augen auf die *Einhorn* gerichtet.

In diesem Moment verstand Tim, was es mit der Geheimwaffe auf sich hatte. Er sprang auf die Füße.

»Hören Sie auf zu singen! Der Ton ist zu hoch, das Glas wird …«

Doch zu spät. *Klirr!* Die Vitrine der *Einhorn* zersprang in tausend Stücke!

Drei *Einhörner* vereint

Im Theater brach Chaos aus. Da bemerkte Tim ein plötzliches, lautes Pfeifen. Er reckte den Hals und sah einen Falken vom Rang aus nach unten fliegen. Er schoss zur zerstörten Vitrine, packte die *Einhorn* am Mast, flatterte wieder nach oben und landete auf Sakharins Arm.

Laut lachend verließ Sakharin den Theatersaal.

Tim und Haddock drängten sich durch die Menge und folgten ihm. Sie hatten gerade die Eingangshalle erreicht, als jemand Tim von hinten packte.

Er drehte sich um. Vor ihm standen zwei Männer mit schwarzen Hüten auf dem Kopf.

»Schultze und Schulze!«, rief Tim ungläubig. »Was machen Sie denn hier?«

»Wir haben Ihren Funkspruch erhalten, in dem Sie den Taschendieb beschrieben haben«, sagte Schultze.

Schulze nickte. »Dieser Langfinger macht keine langen Finger mehr.« Er reichte Tim etwas.
»Das gibt's doch nicht! Meine Brieftasche!« Tim öffnete sie und zog ein Stück Papier heraus. »Ich habe das Pergament!«
»Falsch: *Ich* habe es!«
Sakharin sprang hinter einer Säule hervor und ließ seinen Falken auf Tim los. Als Tim die Arme hochriss, um sein Gesicht zu schützen, fiel ihm der Zettel aus der Hand. Blitzschnell schnappte Sakharin danach und rannte davon.
»Hinterher!«, rief Tim.
Tim, Struppi und Haddock verfolgten Sakharin durch die Eingangshalle nach draußen und in eine riesige Garage. Zwischen den vielen Fahrzeugen verloren sie Sakharin aus den Augen, bis er – *wumm!* – in einem Jeep an ihnen vorbeiraste. Der Falke hielt sich flatternd und kreischend an der Frontscheibe fest.
Tim sprang auf ein Motorrad mit Beiwagen, das in der Nähe stand, und trat den Motor an. »Kommen Sie!«, rief er den anderen zu.
Aus dem Nichts tauchte einer der Wachposten aus dem Palast auf und zielte mit einem Raketenwerfer auf Tim. »Haltet den Dieb!«

»*Rrrau!*« Ein wütender, kleiner Fellball ging auf die Wache los und biss ihm in die Wade. Diese heulte bei Struppis Angriff vor Schmerz laut auf und ließ den Raketenwerfer fallen.

Haddock packte die Waffe und sprang in den Beiwagen. Struppi tat es ihm gleich und Tim fuhr los. Mit hohem Tempo rasten sie durch die Straßen von Bagghar, auf der Suche nach Sakharin. Sie hatten gerade den Hafen erreicht, als …

»Da ist er!«

Unmittelbar vor ihnen schoss Sakharins Jeep aus einer Seitenstraße.

»Das dürfte ihn aufhalten!«, brüllte Haddock. Er zielte mit dem Raketenwerfer auf die Räder des Jeeps und feuerte. Doch er hatte die Waffe verkehrt herum gehalten! Die Rakete ging nach hinten los und schlug in einem Damm ein. *Rums!* Der Damm explodierte. Dahinter tat sich eine gewaltige Wasserwand auf.

»Ups.« Haddock schaute nach hinten. »Äh, es wäre nicht schlecht, wenn Sie etwas schneller fahren würden.«

Tim blickte in den Rückspiegel. Reißende Wasserströme flossen durch die Stadt, fluteten die zuvor

trockenen Kanäle und spritzten aus Springbrunnen. Die Bewohner strömten auf die Straßen, um ihre Krüge mit dem wertvollen Nass zu füllen. Tim gab Gas und raste mit brüllendem Motor neben Sakharins Jeep.
»Los Struppi, hol die Pergamente!«
Doch ehe Struppi springen konnte, steckte Sakharin sie seinem Falken in den Schnabel.
»Flieg voraus zur *Karaboudjan!*«, befahl er ihm.
Als der Falke sich in die Luft erhob, traf ein Sonnenstrahl auf die Pergamente. Tim und Sakharin starrten wie gebannt nach oben. Und in diesem Moment entdeckten beide das Geheimnis der *Einhorn-Papiere*.
»Kapitän! Ich habe die Lösung! Ich ... Kapitän?«
Doch Haddock saß nicht mehr im Beiwagen. Er hing am Geschützrohr eines riesigen Panzers!
»Tim! Hilfe!«

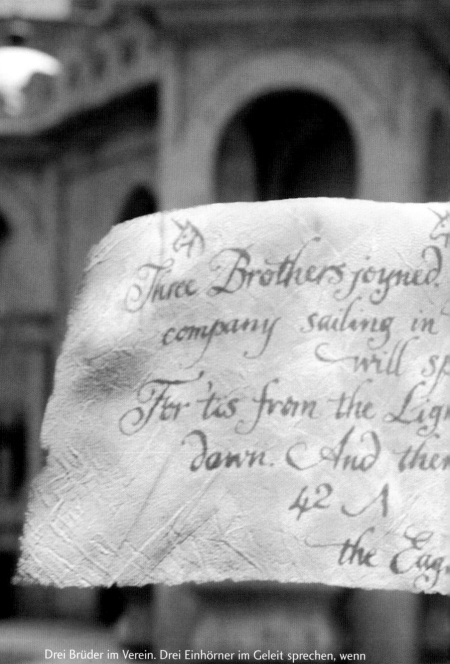

Drei Brüder im Verein. Drei Einhörner im Geleit sprechen, wenn sie in der Mittagssonne fahren. Denn vom Lichte kommt das Licht. Und wird leuchten.

Ein Dieb auf der Flucht

Tim stockte der Atem. Die Wassermassen hatten eine riesige Schlammlawine ausgelöst, die unter anderem einen großen Panzer mit sich gerissen hatte. Haddock war im Vorbeifahren mit seinem Mantel am Rohr des Panzers hängen geblieben – und der steuerte nun geradewegs auf den Abgrund der Kaimauer zu!

Sakharin lachte höhnisch und raste davon. Am liebsten wäre Tim ihm gefolgt, doch er konnte seinen Freund nicht im Stich lassen. Er fuhr neben den Panzer und brachte den Beiwagen so nah wie möglich an ihn heran. Haddock zappelte wild, um sich aus seiner Jacke zu befreien. Endlich gelang es ihm und er konnte sich in den Sitz plumpsen lassen – genau im richtigen Moment, denn der Panzer kippte von der Mauer und versank wie ein Stein im Wasser.

»Da geht er hin, mein Lieblingsmantel«, sagte Haddock traurig.
Tim hörte ihm kaum zu, denn er beobachtete ein Schiff, das aus dem Hafen auslief.
»Die *Karaboudjan*«, murmelte er. Er hielt das Motorrad an. »Sie ist weg, und mit ihr die Pergamente. Wir haben versagt.«
Haddock kletterte aus dem Beiwagen. »Versagt? Unsinn! Was das angeht, haben Sie noch manches zu lernen, Tim.«
»Wie meinen Sie das?«
»Geben Sie sich nie geschlagen. Wir haben doch die Lösung vor der Nase. Sehen Sie mal!«, sagte Haddock und zeigte auf's Ufer.
Tim drehte sich um. Da waren Schultze und Schulze – in einer Badewanne, welche die Lawine ebenfalls mit sich getragen hatte.
»Hallo Tim!«, sagten sie, als die Badewanne zum Stillstand kam. »Können wir Sie mitnehmen?«
»Mit dem Ding da?«
»Nein, in unserem Flugzeug!«
Wenig später saßen Tim, Haddock, Struppi und die beiden Polizisten in einem Wasserflugzeug der Interpol und flogen hoch über der *Karaboudjan*.

Tim sah während des Flugs die ganze Zeit aus dem Fenster. Plötzlich richtete er sich kerzengerade auf.
»Struppi, ist das nicht unser Zuhause, die Labradorstraße?« Struppi bellte erfreut.
»Warum kehrt Sakharin hierher zurück?«, fragte sich Tim.
Die Sonne stand hoch am Himmel, als ihr Flugzeug unweit der *Karaboudjan* im Hafen wasserte.
Schultze und Schulze blieben im Flugzeug, während sich Tim, Haddock und Struppi über den Anleger zum Schiff schlichen.
Auf halbem Weg blieb Tim stehen. Vor ihm erhob sich ein großer Kran. Der Arm schwebte genau über der *Karaboudjan*.
»So können wir an Bord gelangen«, flüsterte Tim. »Ich versuche es zuerst.«
Er kletterte auf das Dach der Kabine, kroch den Metallarm entlang und rutschte schließlich an der Krankette auf das Schiffsdeck hinunter. Tim wollte den anderen gerade Bescheid geben, dass er es geschafft hatte, als er den Kapitän entsetzt schreien hörte. Er blickte nach unten – und erschrak.
Sakharin, in einer Hand den Degen und in der anderen die Pergamente, ging drohend auf Haddock zu.

»Sie haben verloren, Haddock«, höhnte Sakharin. »Bald wird der Schatz der *Einhorn* mir gehören. Aber zuerst lege ich Sie um!« Er stürzte auf den Kapitän zu, die Spitze des Schwerts genau auf dessen Herz gerichtet.

Irgendwie gelang es Haddock, dem Angriff auszuweichen. Sakharin rannte an ihm vorbei ins Leere, auf die Kante des Anlegers zu.

Tim hielt den Atem an. Er fürchtete, dass Sakharin abstürzen würde – und mit ihm die Pergamente. Doch der Bösewicht fing sich gerade noch rechtzeitig, drehte sich um und stürmte wieder auf Haddock zu.

Das war Tims Einsatz. Er schwang sich an der Krankette durch die Luft und schnappte Sakharin im Flug die Papiere aus der Hand.

Sakharin schrie vor Wut, doch sein Schrei verstummte, als Haddocks Faust ihn mitten ins Gesicht traf. Er stolperte vom Anleger und wurde vom Wasser verschlungen.

Haddock drehte sich zu Tim um. »Das hätten wir. Dann sehen wir uns die Pergamente doch mal genauer an.«

Tim reichte ihm die übereinandergelegten Zettel.

»Drei Brüder im Verein. Drei Einhörner im Geleit sprechen, wenn sie in der Mittagssonne fahren«, las er vor.
»Denn vom Lichte kommt das Licht. Und wird leuchten«, beendete Haddock. Er hielt die Pergamente hoch.
Im Licht der Sonne fügten sich die merkwürdigen Zeichen unterhalb der Schrift zusammen zu …
»Zahlen! Kapitän, sind das nicht …?«
»… ein Längengrad und ein Breitengrad!«
»Wissen Sie, wo das ist?«

Haddock ließ die Pergamente langsam sinken. »Ja, das weiß ich.«
»Worauf warten wir dann noch?«, rief Tim. »Gehen wir!«

Das neue, alte Zuhause

»Schloss Mühlenhof! Die Gradangaben führen zu Ihrem alten Familiensitz?«
Als Haddock ihm erzählte, wohin es ging, konnte Tim es kaum glauben. Doch der Kapitän war sich sicher, dass die Pergamente hierher wiesen.
Sie schritten durch die hohen Eisentore. Schloss Mühlenhof war früher ein prachtvolles Anwesen mit einem herrschaftlichen Haus und gepflegtem Garten gewesen. Doch über die Jahre war es verfallen. Als sie vor der Eingangstür standen, entlockten die zerbröckelnden Mauern Kapitän Haddock ein gerührtes Lächeln.
»Ich glaube, seit meiner Kindheit hat es sich kaum verändert.« Er zog einen rostigen, alten Schlüssel aus der Tasche. Ehe er ihn ins Schloss stecken konnte, öffnete sich die Tür.

»Guten Tag, mein Herr, und willkommen auf Schloss Mühlenhof«, empfing sie der Diener des Hauses. Haddock sah ihn mit offenem Mund an. »Nestor! Du bist immer noch hier? Hier lebt schon seit Jahren kein Familienmitglied mehr!«
Nestor neigte den Kopf. »Ihr Großvater hat dafür gesorgt, dass ich nach seinem Tod auf Schloss Mühlenhof bleiben kann. Er glaubte, eines Tages werde ein Haddock zurückkehren und das Anwesen übernehmen. Es scheint, als habe er Recht gehabt.«
Haddock seufzte tief. »Ich kann es mir leider nicht leisten, hier zu leben.«
Tim hielt die Pergamente hoch. »Warten wir es ab!« Er betrachtete die Eingangshalle. »Wo suchen wir zuerst?«
»Probieren wir es im Keller«, sagte der Kapitän.
Sie eilten die Steinstufen hinunter und gelangten in einen dunklen Raum. Haddock sah sich verwirrt um. »Ich meinte einen anderen Keller.«
»Es gibt aber keinen anderen Keller, mein Herr«, sagte Nestor.
In diesem Moment hörten sie Struppi dumpf bellen.
»Struppi, wo bist du?«, rief Tim.
Struppi bellte weiter.

»Er ist da drüben, hinter dem Stapel alter Möbel!«
Sie räumten die Möbel Stück für Stück beiseite.
Dahinter befand sich eine Backsteinwand.
»Sehen Sie mal, da ist ein kleines Loch«, sagte
Haddock. Er spähte durch die Öffnung.
»Was sehen Sie?«, fragte Tim erwartungsvoll.
»Ihren Hund«, erwiderte Haddock. »Einen Raum
voller alter Möbel. Und …«
»Und?«, hakte Tim nach.
»Und etwas, das wir uns genauer ansehen sollten.«
Gemeinsam entfernten sie mehrere Backsteine und
vergrößerten die Öffnung in der Mauer. Dann krochen sie hindurch und Haddock führte Tim zu einem
alten, wunderbaren Globus. Der Kapitän betrachtete
ihn eine Weile nachdenklich. »Die Insel hier«, sagte
er dann und deutete auf einen winzigen erhabenen
Punkt auf dem Globus, »gibt es nicht.«
»Woher wissen Sie das?«, fragte Tim.
»Ich bin ein Haddock. Das Meer liegt mir im Blut.
Die Insel ist falsch hier!« Er drückte mit dem Finger
auf den Punkt.
Da öffnete sich der Globus. Zum Vorschein kam ein
uralter, mit funkelndem Schmuck gefüllter Kapitänshut. Es war der Hut des Ritters von Hadoque!

»Der Schatz!«, riefen Tim und Haddock wie aus einem Mund.

Haddock nahm vorsichtig eine Diamantenkette in die Hand. »Wenn man bedenkt, dass er all die Jahre hier lag.«

»Ja«, stimmte Tim ihm zu. »Und hier liegt noch etwas.« Er fasste in den Globus und zog ein Papierröllchen heraus.

»Nicht noch ein Pergament«, stöhnte Haddock.

Tim rollte es vorsichtig auseinander. »Das ist eine Karte. Wenn ich mich nicht irre, führt sie zu einem 400 Jahre alten Wrack.«

Haddock riss die Augen auf. »Das Wrack der *Einhorn?*«

Tim lächelte. »Und zu dem Schatz, der mit ihr versunken ist. Wie groß ist Ihre Lust auf Abenteuer, Kapitän?«

»Riesengroß!«

»Worauf warten wir dann noch?« Tim pfiff Struppi heran. »Machen wir uns auf die Suche nach der echten *Einhorn!*«

1 2 3 4 14 13 12 11
Copyright © 2011 Paramount Pictures. All rights reserved.
Deutsche Übersetzung: 2011 Carlsen Verlag GmbH, Hamburg
Aus dem Englischen von Anne Emmert
Lektorat: Sabrina Janson
Herstellung: Petra Krück
Englische Originalausgabe: Little, Brown and Company
Hachette Book Group, 237 Park Avenue, New York, NY 10017
ISBN 978-3-551-73397-9
Printed in Germany

www.carlsen.de